www.ingramcontent.com/pod-product-compliance
Lightning Source LLC
Chambersburg PA
CBHW080835160726
47999CB00009B/2904
9798608386671